BEI GRIN MACHT SICH IHR WISSEN BEZAHLT

Bibliografische Information der Deutschen Nationalbibliothek:

Die Deutsche Bibliothek verzeichnet diese Publikation in der Deutschen National-
bibliografie; detaillierte bibliografische Daten sind im Internet über http://dnb.d-
nb.de/ abrufbar.

Impressum:

Copyright © 2016 GRIN Verlag
Druck und Bindung: Books on Demand GmbH, Norderstedt Germany
ISBN: 9783346126443

Dieses Buch bei GRIN:

https://www.grin.com/document/518369

Fabian Meiners

Administration von Systemen im Bereich der Netzwerktechnik. Chancen der Automatisierung von Standardaufgaben

GRIN Verlag

GRIN - Your knowledge has value

Der GRIN Verlag publiziert seit 1998 wissenschaftliche Arbeiten von Studenten, Hochschullehrern und anderen Akademikern als eBook und gedrucktes Buch. Die Verlagswebsite www.grin.com ist die ideale Plattform zur Veröffentlichung von Hausarbeiten, Abschlussarbeiten, wissenschaftlichen Aufsätzen, Dissertationen und Fachbüchern.

Besuchen Sie uns im Internet:

http://www.grin.com/

http://www.facebook.com/grincom

http://www.twitter.com/grin_com

Hausarbeit //

Administration von Systemen im Bereich der Netzwerktechnik am Beispiel der Muster IT GmbH //

Hochschule Weserbergland
Studiengang:
Wirtschaftsinformatik

Studierender:
Fabian Meiners

I. Inhaltsverzeichnis

Fußnoten können sich auf mehrere Sätze oder ganze Abschnitte beziehen.

II. Abbildungsverzeichnis

III. Abkürzungsverzeichnis

Abkürzung	Bedeutung
Muster IT	Muster Information Technology GmbH
LAN	Local Area Network
WAN	Wide Area Network
OSI	Open Systems Interconnection
SNMP	Simple Network Management Protocol
NMS	Network Management System
CLI	Command Line Interface
MAC	Media Access Control
TCP	Transmission Control Protocol
UDP	User Datagram Protocol
ISO	International Standards Organization
SSH	Secure Shell

1 Einleitung

In diesem Praxisbericht wird auf die Grundlagen und Möglichkeiten der automatisierten Netzwerkadministration im betrieblichen Umfeld am Beispiel der Muster Information Technology GmbH – im Folgenden nur noch Muster IT genannt – eingegangen. Ziel dieser Arbeit ist es, beispielhaft die Chancen der Automatisierung von Standardaufgaben im Bereich der Netzwerkadministration darzustellen.

Die Auswahl dieser Thematik begründet sich zum einen durch den Praxisbezug der Langzeitaufgabe, eine Inventory-Datenbank zu entwickeln und diese automatisiert mit Informationen von Netzwerkkomponenten zu füllen. Zum anderen ist die Verwaltung von Netzwerkkomponenten eine tägliche Aufgabe im Back Office des Service Support Centers der Muster IT. Die Automatisierung von Routineaufgaben stellt damit einen wichtigen Bestandteil und zum Teil Grundlage der täglichen Arbeitsprozesse dar.

In dieser Arbeit wird zunächst auf die Grundlagen eines Computernetzwerkes und auf die Möglichkeiten der Verwaltung und Steuerung einzelner Komponenten eingegangen. Anschließend werden Gründe für eine Automatisierung von Routineaufgaben im Bereich der Netzwerktechnik sowie die tatsächliche Nutzung von Skripten am Beispiel der Muster IT dargestellt. Den praktischen Teil bildet die Erläuterung eines Skripts zur Automatisierung des Netzwerkmanagements. Diese Ausarbeitung soll thematisch auf die Aufgaben im Langzeitprojekt vorbereiten sowie die Bedeutung von Skripten und Automatisierungstechniken im Netzwerkbereich herausstellen.

2 Rechnernetzwerke

Der Begriff Rechnernetzwerk beschreibt grundlegend eine Verbindung mehrerer elektrotechnischer Geräte, meist Personal Computer, sodass eine Kommunikation, d.h. der Austausch von Daten, untereinander ermöglicht wird[1].

---

[1] Vgl. Kersken (2013), S. 173 f.

Ziel eines Netzwerkes ist es, gemeinsame Ressourcen und Dienste für mehrere
Systeme verfügbar zu machen. Netzwerke lassen sich durch ihre räumliche Ausdehnung, die Topologie und den Zentralisierungsgrad unterscheiden.[2]

2.1 Klassifizierung von Netzwerken

Nach räumlicher Ausdehnung unterteilen sich Netzwerke in lokale Netzwerke
und Fernstrecken Netzwerke, also in LANs (Local Area Networks) und WANs
(Wide Area Networks). [3]

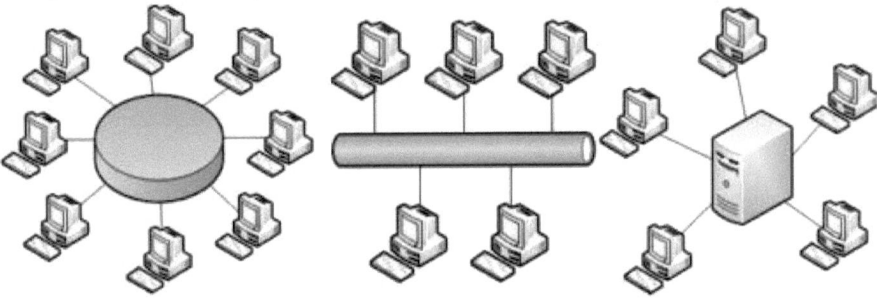

Abbildung 1 - Netzwerk Topologien: Ring-, Bus- und Stern-Topologie (Eigene Darstellung)

Die Netzwerk-Topologie hingegen (Vgl. Abbildung 1) charakterisiert die Struktur,
in der einzelne Netzwerkkomponenten physikalisch verbunden oder logisch or-
ganisiert werden. So können einzelne Rechner oder sonstige Netzwerkgeräte
zum Beispiel ringförmig miteinander oder über einen gemeinsamen Datenkanal,
auch Datenbus genannt, verbunden werden. Bei der Stern-Topologie gibt es eine
zentrale Einheit, beispielsweise einen Switch („Verteiler") oder einen Hub („Kno-
tenpunkt"), die alle Systeme in einem Netzwerk verbindet. Neben den Genannten
gibt es noch einige weitere Topologien, die jedoch in diesem Praxisbericht nicht
weiter erläutert werden. Da jede Topologie Vor- und Nachteile bezüglich der Aus-
fallsicherheit, der Bandbreiten, der Erweiterbarkeit oder des Verkabelungsauf-
wands hat, werden in der praktischen Umsetzung solcher Netzwerkstrukturen
häufig Mischformen der einzelnen Topologien verwendet. Eindeutige Strukturen
lassen sich oft nur bei Teilsegmenten eines Netzwerkes feststellen. So können

---

[2] Vgl. Kersken (2013), S. 191-194.
[3] Vgl. Zisler (2015), S. 27.

zum Beispiel mehrere sternförmige Netzwerke in einer Baumstruktur angeordnet und zu einem Netzwerk verbunden werden.[4]

Außerdem ist zu beachten, dass die physische Anordnungsstruktur der Netzwerkkomponenten von der logischen Topologie abweichen kann. So kann beispielsweise eine Vernetzung sternförmig aufgebaut sein, „[...]logisch gesehen handelt es sich jedoch um einen Ring."[5]

Ein weiteres Unterscheidungsmerkmal für Computernetzwerke ist der Zentralisierungsgrad. Es wird hierbei zwischen Netzwerken in denen einzelne gleichgestellte Peers[6] Ressourcen austauschen können und Netzwerken, in denen eine Vielzahl von Systemen Dienstleistungen von einem einzelnen Rechner beziehen, differenziert. In sogenannten Peer-to-Peer-Netzwerken „[...] herrscht eine dezentralisierte Verwaltung."[7] Demnach nimmt kein Rechner die Funktion eines zentralen Servers (Dienstleister) ein, sondern jeder Teilnehmer agiert als Client (Kunde) sowie als Server für andere gleichgestellte Rechner. Ein Client-Server-Netzwerk hingegen unterscheidet zwischen Servern und Clients. Ein Server (z.B. Mail- Datei- oder Anwendungsserver) stellt hierbei an zentraler Stelle Ressourcen und Dienste für beteiligte Rechner zur Verfügung. Die Clients können diese Dienste in Anspruch nehmen.[8]

Empirisch gesehen, werden oftmals Mischformen dieser zwei Netzwerkmodelle eingesetzt. In größeren Unternehmensnetzwerken werden in der Regel zentrale Aufgaben, wie die Datensicherung, durch Backupserver realisiert, wobei der Zugang zu Ressourcen innerhalb einer Abteilung ohne speziellen Server im Peer-to-Peer-Verfahren bewerkstelligt wird.[9]

---

[4] Vgl. Kersken (2013), S. 193 f.
[5] Kersken (2013), S. 193.
[6] „Als Peer wird hier ein mit anderen Computern gleichgestellter Computer bezeichnet." (Zeiner (2011), S.5; Fußnote 2.
[7] Zeiner (2011), S. 5.
[8] Vgl. Kersken (2013), S. 194 f.
[9] Vgl. Kersken (2013), S. 194.

2.2 Netzwerkebenen

Ein funktionierendes Rechnernetzwerk beinhaltet neben der Verbindungsstruktur
der Hardware noch einige weitere Aspekte, die für ein grundlegendes Verständ-
nis im Folgenden kurz erläutert werden.

Um die verschiedenen Bestandteile, die ein Netzwerk letztendlich ausmacht von-
einander abgrenzen zu können, wurde 1983 das OSI-Modell von der Standardi-
sierungsorganisation ISO veröffentlicht. Dieses Modell benennt sieben überei-
nander angeordnete Schichten, die jeweils eine Ebene der Netzwerkkommuni-
kation beschreiben.[10] Das ISO-Modell definiert dabei noch keine Standards für
z.B. zu verwendende Protokolle, sondern soll „[…] als anschauliches Modell […]
die mit jeder Schicht verknüpften Aufgaben und Dienste aufzeigen."[11]

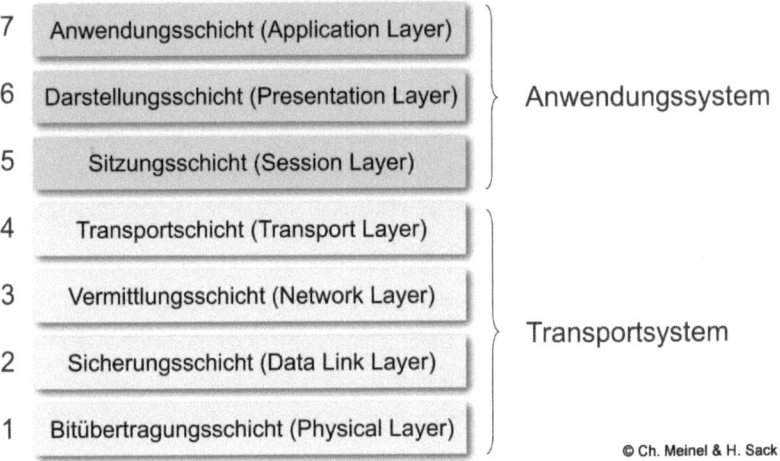

Abbildung 2 - OSI-Modell [12]

Die unterste der in Abbildung 2 veranschaulichten Schichten stellt die physische
Netzwerkhardware dar; die oberste und abstrakteste Schicht ist die Anwendung
im Netzwerk. Zudem lassen sich die Schichten 1-4 als Transportsystem und die
Schichten 5-7 als Anwendungssystem bezeichnen. [13] Da dieser Praxisbericht ge-
zielt auf die physische und logische Kommunikation innerhalb eines Netzwerkes

---

[10] Vgl. Schreiner (2014), S. 3.
[11] Vgl. Meinel & Sack (2012), S. 40f.
[12] Meinel P. D. (2012).
[13] Vgl. International Telecommunication Union (1994).

eingehen soll, werden die Schichten des Anwendungssystems nicht weiter ausgeführt.

Die eigentliche logische Kommunikation innerhalb eines Rechnernetzwerkes erfolgt über verschiedene Protokolle auf den Schichten 2 bis 4, die den Datenverkehr regeln.

Auf Ebene 2, der Sicherungsschicht, wird die fehlerfreie Übertragung von Datenblöcken durch das Hinzufügen von Prüfsummen gewährleistet. Zudem wird durch eindeutige Hardwareadressen (MAC-Adressen) der Datenverkehr geregelt, wenn mehrere Netzwerkgeräte den gleichen Datenkanal verwenden.[14]

Das heute am weitesten verbreitete IP-Protokoll realisiert auf Ebene 3 die indirekte Verbindung von Rechnern durch sogenanntes Routing, d.h. die gezielte Weiterleitung von Daten in andere logische Netzwerke.

Die Transportschicht (Layer 4) stellt den darüber liegenden Schichten über verbindungsorientierte Protokolle wie dem Transmission Control Protocol (TCP) und verbindungslose Protokolle wie dem User Datagram Protocol (UDP) einen Transportdienst für Daten zur Verfügung. Zudem wird im Layer 4 die Anbindung von Datenpaketen an konkrete Prozesse über verschiedene Ports definiert.

Heute stellen besonders das Internet Protocol (IP) und das Transmission Control Protocol die gängigste Netzwerkprotokollfamilie dar, die daher den Namen TCP/IP trägt. Diese Sammlung von mehreren hundert standardisierten Protokollen zur Kommunikation auf den verschiedenen Ebenen eines Netzwerkes bildet die Grundlage für unser heutiges Internet.[15]

3 Netzwerkmanagement

Der Begriff Netzwerkmanagement bezeichnet verwaltende, überwachende und betriebstechnische Tätigkeiten um die effiziente und effektive Kommunikation innerhalb eines Rechnernetzwerkes zu gewährlisten. Die ISO bzw. OSI unterteilt den sehr allgemein gefassten Begriff IT-System- und Netzwerkmanagement in verschiedene Teilbereiche mit unterschiedlichen Aufgaben. Die fünf Bereiche

---

[14] Vgl. Kersken (2013), S. 182f.
[15] Vgl. Meinel & Sack (2012), S.42-44.

umfassen das Fehlermanagement, Konfigurationsmanagement, Abrechnungs-management, Performancemanagement und das Sicherheitsmanagement.

Nach dieser auch als FCAPS-Modell bezeichneten Strukturierung wurden ein Großteil der heutigen Netzwerk Management Systeme (NMS) entwickelt.

Die grundlegende Idee des Netzwerkmanagements ist es, dass Geräte automa-tisiert beispielsweise Statusinformationen und Fehlermeldungen senden, die dann gesammelt gesichtet werden können. Da eine manuelle Abfrage solcher Daten sehr zeitintensiv ist, werden durch NMS solche Prozesse automatisiert. So kann auch in großen Netzwerken sinnvolles Netzwerkmanagement betrieben werden. [16]

Für die eigentliche Abfrage dieser Systemdaten in TCP/IP Netzwerkwerken exis-tieren mehrere Protokolle und Administrationswege. Im Folgenden werden die im Bezug zur Projektarbeit wichtigsten vorhandenen Administrationswege zur Kon-figuration und Datenabfrage von Systemgeräten näher erläutert.

3.1 Simple Network Management Protocol

Das Simple Network Management Protocol, kurz SNMP, ist ein Netzwerkproto-koll zur Steuerung und Überwachung von Netzwerkelementen wie Routern, Swit-ches, Server etc. Über dieses Protokoll können beispielsweise von netzwerkfähi-gen Geräten Statusinformationen bezogen werden oder Änderungen an den Sys-temeinstellungen vorgenommen werden. Das Protokoll an sich regelt dabei den Datenverkehr zwischen dem überwachenden System und den zu überwachen-den Geräten.

SNMP setzt hierbei auf die Verwendung von sogenannten Agents. Dabei handelt es sich um Programme oder Hardwaremodule, die eine Abfrage von Systemda-ten oder die Ausführung einer Aktion auf Netzwerkgeräten ermöglichen. Über insgesamt sechs verschiedene Datenpakete ist es möglich, dass ein sogenann-ter Manager, also ein überwachendes Gerät, von seinen Agents Informationen bezieht. [17]

---

[16] Vgl. Zick (2009), S. 33ff.
[17] Vgl. Zeiner (2011), S. 69ff.

Manager können zum einen Anfragen zu Systeminformationen über sogenannte Get-Pakete an Agents senden. Diese können daraufhin die geforderten Daten oder eine Fehlermeldung über ein Response-Paket schicken. Zum anderen können Manager durch Set-Pakete Einstellungen auf den Systemgeräten anpassen. Auch in diesem Fall antworten Agents mit einem Response-Paket. Wenn ein Agent eine Fehlermeldung feststellt, kann er diese ebenfalls unaufgefordert über ein Trap-Paket an die Management Station melden.

Die Repräsentation der Datenbasis für diese Abfragen bildet die sogenannte Management Information Base, kurz MIB, auf den Netzwerkgeräten. Die Einzelnen Informationen der MIB werden als Managed Objects bezeichnet. [18]

3.2 Command Line Interface Zugriff

Über die Kommandozeile, oder auch Command Line Interface, können ebenfalls Systemeinstellungen angepasst oder Informationen zum System ausgelesen werden. Eines der wichtigsten Werkzeuge im Bereich der Netzwerkadministration ist hierbei die Terminal-Emulation. Über ein Netzwerkprotokoll wie zum Beispiel Telnet können sich Administratoren von einem Computer aus Zugang zu einem entfernten Computer im gleichen Netzwerk verschaffen und das Terminal dieses Rechners emulieren. Sobald eine Verbindung zwischen Telnet-Client und Telnet-Server besteht, können Befehle direkt an den entfernten Rechner gesendet und dort ausgeführt werden.

Da Daten mit dem Telnet-Protokoll im Klartext unverschlüsselt übertragen werden, gilt es jedoch als sehr unsicher und wird oftmals nur in lokalen Netzwerken eingesetzt. Eine Alternative dazu bietet die Secure Shell, kurz SSH, mit der man wie mit dem Telnet-Protokoll eine Netzwerkverbindung zu einem entfernten Computer herstellen kann. Der zeichenorientierte Datenaustausch geschieht hierbei über eine verschlüsselte TCP-Verbindung.[19]

---

[18] Vgl. Mauro & Schmidt (2005), S. 3.
[19] Vgl. Kersken (2013), S. 266f.

4 Skripting im Netzwerkbereich

Ein Skript ist im Grunde eine Textdatei, in der eine Abfolge von mehreren System- oder Shellbefehlen enthalten ist. Diese, in einer bestimmten Skript-Sprache geschriebenen Befehle, werden nach einander ausgeführt.

Das Ziel bei der Erstellung von Skripten ist das Ausführen von mehreren für eine bestimmte Aufgabe notwendigen Operationen hintereinander. So kann ein Administrator beispielsweise ein Skript, das einige Abfragen enthält, ausführen und erhält die Rückgabe vom System. Ohne solch ein Skript müssten sämtliche Abfragen einzeln geschrieben und ausgeführt werden. Darüber hinaus kann auch die Fehlerbehandlung durch Fallentscheidungen im Skript selber abgedeckt werden. Je nach Eingabe oder Ergebnis einer Abfrage können in einem Skript verschiedene Fehlermeldungen oder Folgeaktionen automatisiert durchgeführt werden. Neben dem großen Vorteil der Zeitersparnis durch Verwendung von vorgefertigten Skripten für immer wiederkehrende Aufgaben stellt auch die gleichbleibende Qualität in der Ausführung einen großen Vorteil dar.[20]

Eine gänzliche Automatisierung von Routineaufgaben lässt sich durch Skripte in Verbindung mit zum Beispiel Cronjobs realisieren. Cron-Systeme ermöglichen eine zeitbasierte Ausführung von Prozessen im Unix-Umfeld. Cronjobs sind demnach Aufgaben (jobs), die in einem bestimmten zeitlichen Rhythmus immer wieder abgearbeitet werden. So kann täglich, stündlich oder nur einmal alle 30 Tage ein bestimmtes Skript automatisch ausgeführt werden.[21]

5 Praxisbeispiel

In Umfeld der Netzwerkadministration in der Muster IT werden in vielen Bereichen verschiedenste Skripte manuell oder in Verbindung mit Cronjobs genutzt. Von besonderer Bedeutung ist dabei die Überwachung von zentralen Netzwerkkomponenten wie Routern. [22]

---

[20] Siehe Anhang A1, S.A1-A2, Interview zum Thema Administration von Systemen im Bereich der Netzwerktechnik in der Muster IT vom 09.06.2016
[21] Internes Mitarbeitergespräch (2016)
[22] Internes Mitarbeitergespräch (2016)

Das im Anhang 3 befindliche Bash-Skript hat die Aufgabe, die Konfiguration eines Routers auf einem Dateiserver zu sichern. Hierfür wird vorerst (siehe Abbildung 3) abgefragt, ob ein Gerätename übergeben wurde.

```
if [ -z "$DeviceName" ]; then    # -z tests to see if the argument is empty
    echo "FEHLER beim Aufruf: CopyRun2TftpViaSnmp.sh <DNS-Name>"
fi

if [ -n "$DeviceName" ]; then    # -n tests to see if the argument is not empty
```

Abbildung 3 – Beispielskript (Interne Quelle)

Wenn dies der Fall ist, wie in Abbildung 4 zu entnehmen, wird eine Datei auf dem
angegebenen Dateiserver angelegt. Der Dateiname wird hierfür aus dem aktuel-
len Datum und dem Namen des Gerätes zusammengesetzt. Anschließend be-
stätigt die Ausgabe auf der Konsole, dass die Datei angelegt wurde.

```
TimeStamp=`date "+%Y%m%d_%H%M"`
FileName=$DeviceName.$TimeStamp
touch /tftpboot/$FileName
chmod 777 /tftpboot/$FileName
echo "!"
echo "! Es wurde folgende Datei angelegt:/tftpboot/$FileName"
echo "!"
```

Abbildung 4 - Teil des Beispielskripts (Interne Quelle)

Darauf folgt die eigentliche Sicherung der Konfiguration unter Verwendung des
SNMP-Protokolls (siehe Abbildung 5). Über einen Set-Befehl ist die Konfigurationssicherung durch Angabe der dafür notwendigen Objekt-IDs in Verbindung mit
jeweils einer Variablen implementiert.

Die OID .1.3.6.1.4.1.9.9.96.1.1.1.1.2.100 der zweiten Zeile legt beispielweise das
zu verwendende Protokoll für die Sicherung fest. Die Integer Variable „1" be-
stimmt dabei TFTP als Protokoll.[23]

---

[23] Vgl. www.cisco.com (2016)

```
snmpset -v 1 -c "private" "$DeviceName"
.1.3.6.1.4.1.9.9.96.1.1.1.1.2.100 i 1
.1.3.6.1.4.1.9.9.96.1.1.1.1.3.100 i 4
.1.3.6.1.4.1.9.9.96.1.1.1.1.4.100 i 1
.1.3.6.1.4.1.9.9.96.1.1.1.1.5.100 a "$TftpServerIP"
.1.3.6.1.4.1.9.9.96.1.1.1.1.6.100 s "$FileName"
.1.3.6.1.4.1.9.9.96.1.1.1.1.14.100 i 4
```

Abbildung 5 - Teil des Beispielskripts (Interne Quelle)

In den darauffolgenden Zeilen wird zudem festgelegt, dass die laufende Konfigu-
rationsdatei als Netzwerkdatei gesichert werden soll. Anschließend wir die TFP-
Server IP-Adresse und der Name der Datei gesetzt. Die OID der letzten Zeile
gibt, wenn die zugehörige Variable auf den Wert 4 gesetzt ist, den Befehl die
Konfigurationssicherung zu starten.

6 Fazit

Zusammenfassend kann gesagt werden, dass die Automatisierung von Routineaufgaben im Bereich der Netzwerktechnik durch Skripte eine große Chance dar-
stellt, qualitativ gleichbleibend und zeitsparend administrative Aufgaben zu erledigen. Selbst Netzwerke mit einer hohen Anzahl an verbundenen Geräten können automatisiert und routiniert überprüft werden. Fehlermeldungen können dabei selbstständig von den jeweiligen Systemen auf vordefinierten Wegen aufge-
zeigt werden. Skripte in Zusammenhang mit Cronjobs und Protokollen wie SNMP
ermöglichen daher erst ein sinnvolles Management von großen Netzwerken. In
jedem Fall sollte jedoch abgewogen werden, ob sich die Anfertigung eines Skriptes zeitlich rentiert, da die Erstellung von komplexen Skripten oftmals sehr aufwendig ist.

Als Zukunftsausblick lässt sich festhalten, dass Skripte wohl weiterhin von großer
Bedeutung im Bereich des Netzwerkmanagements sein werden. Skriptsprachen
und Netzwerkprotokolle werden auch heute noch stetig weiterentwickelt und bie-
ten immer neue Möglichkeiten des Managements. Ebenso gibt es auch umfang-
reiche Softwarelösungen im Bereich des Netzwerkmanagements. Bereits jetzt
existiert ein großer Markt an kommerziellen Softwarelösungen großer Hersteller

aber auch Open Source Produkte werden fortlaufend ausgebaut. All diese Produkte basieren jedoch auf ähnlichen Skripten, die über verschiedene Wege ein Netzwerkmanagement ermöglichen.

IV. Literaturverzeichnis

Holger, M. (15. Juni 2016). Verwendung von Skripten in der Muster IT. (F. Meiners, Interviewer)

International Telecommunication Union. (Juli 1994). www.itu.int. (ITU-T, Hrsg.) Abgerufen am 15. Juni 2016 von http://www.itu.int/ITU-T/recommendations/rec.aspx?rec=2820

Kersken, S. (2013). IT-Handbuch für Fachinformatiker. Bonn: Galileo Press.

Mauro, D. R., & Schmidt, K. (2005). Essential SNMP. Sebastopol: O´Reilly Media Inc.

Meinel, C., & Sack, H. (2012). Internetworking. Berlin Heidelberg: Springer-Verlag.

Meinel, P. D. (11. Juli 2012). www.internetworking-buch.de. (x.media.press, Hrsg.) Von http://www.internetworking-buch.de/2012/07/das-isoosi-referenzmodell-teil-1-das-transportsystem/ abgerufen

Schreiner, R. (2014). Computer-Netzwerke. München: Carl Hanser Verlag.

www.cisco.com. (1. November 2005). Abgerufen am 6. Juli 2016 von http://www.cisco.com/c/en/us/support/docs/ip/simple-network-management-protocol-snmp/15217-copy-configs-snmp.html

Zeiner, U. (2011). Grundlagen der Netzwerktechnik. Renningen: expert Verlag.

Zick, J. (2009). IT-System- und Netzwerkmanagement. Kassel: kassel university press GmbH.

Zisler, H. (2015). Computer-Netzwerke. Bonn: Galileo Press.

V. Anhangsverzeichnis

A1. Interview zum Thema Administration von Systemen im Bereich der Netzwerktechnik in der Muster IT vom 09.06.2016

Gesprächspartner: Holger M., Abteilung für WLAN und Netzwerke im Back
Office des Service Support Centers der Muster IT

*Wofür werden in der Muster IT im Bereich der Netzwerkadministration Skripte
eingesetzt?*

Allgemein kann man sagen, dass Skripte in der Muster IT eingesetzt werden, um
täglich wiederkehrende Aufgaben automatisiert zu erledigen. Eine solche Aufgabe wäre zum Beispiel die tägliche Sicherung von Konfigurationsdateien ver-
schiedener Geräte wie von Routern und Switchen. Außerdem werden sogenannte Log-Files ebenfalls automatisiert ausgelesen, verarbeitet und dann z.B.
als E-Mail an den zuständigen Administrator gesendet.

Realisiert wird diese Automatisierung durch sogenannte Cronjobs, dabei wird
eine Aufgabe zu einer bestimmten Zeit automatisch ausgeführt.

Beispielsweise wird monatlich ein Bericht über die aktuelle Anzahl von installier-
ten Wireless LAN Access Points erstellt und versendet. Hierzu liest ein Skript
Informationen aus Dateien ein, filtert diese, bereitet diese auf und erstellt daraus
den Bericht der dann per Email versendet wird. Durch die Automatisierung hat
dieser Bericht immer die gleiche Qualität, Fehler bei der Erstellung und Ausführung werden somit vermieden.

Welche Vor- bzw. Nachteile ergeben sich im betrieblichen Umfeld durch den Einsatz von Skripten?

Der wohl größte Vorteil von Skripten liegt in der hohen und gleichbleibenden Qualität bei der Ausführung von Routineaufgaben. Egal ob Mitarbeiter im Urlaub oder krank sind, durch Skripte werden Aufgaben regelmäßig und zuverlässig erledigt. Allerdings stellt das Anfertigen eines Skriptes oftmals einen großen Aufwand dar, sodass vorher abgewogen werden sollte, ob sich der Aufwand für die Skript-Entwicklung langfristig lohnt.

Welche Alternativen zur Administrierung von Netzwerkkomponenten werden eingesetzt?

Natürlich werden einige Aufgaben auch manuell durch Mitarbeiter ausgeführt, da es sich wie bereits angesprochen nicht immer zeitlich lohnt ein Skript anzufertigen. Des Weiteren gibt es auch sehr umfängliche Softwarelösungen von externen Anbietern zur Netzwerkadministration, die ebenfalls wiederkehrende Aufgaben übernehmen. Auch diese werden in der Muster IT eingesetzt. Skripte hingegen werden eher bei sehr individuellen Aufgaben eingesetzt, da hier eine manuelle Bearbeitung zu aufwendig wäre aber auch keine passende Softwarelösung existiert.

Wie schätzen Sie den zukünftigen Einsatz von Skripten in der Muster IT ein?

Ich denke es wird weiterhin versucht werden, so viele Routineaufgaben wie möglich durch Skripte zu automatisieren und möglichst wenige Aufgaben durch manuelle Tätigkeiten zu erledigen. Individuelle Aufgaben und Prozesse wird man meiner Meinung nach so weit wie möglich durch Skripte abbilden, um Arbeitsabläufe zu optimieren und zu automatisieren.

Komplexe und umfängliche Softwarelösungen werden ebenfalls weiterführend eingesetzt werden, allerdings eher um allgemeine Netzwerkmanagementaufgaben abzudecken.

A2. OSI-Schichtenmodell

	OSI-Schicht	Einordnung	DoD-Schicht	Einordnung	Protokollbeispiel	Einheiten	Kopplungselemente
7	Anwendungen (Application)	Anwendungs-orientiert	Anwendung	Ende zu Ende (Multihop)	HTTP FTP	Daten	Gateway, Content-Switch, Proxy, Layer-4-7-Switch
6	Darstellung (Presentation)				HTTPS SMTP		
5	Kommunikationssteuerung (Session)				LDAP NCP		
4	Transport (Transport)	Transport-orientiert	Transport		TCP UDP SCTP SPX	TCP = Segmente UDP = Datagramme	
3	Vermittlung-/Paket (Network)		Internet	Punkt zu Punkt	ICMP IGMP IP IPsec IPX	Pakete	Router, Layer-3-Switch
2	Sicherung (Data Link)		Netzzugriff		Ethernet Token Ring FDDI	Rahmen (Frames)	Bridge, Switch
1	Bitübertragung (Physical)				MAC ARCNET	Bits, Symbole, Pakete	Netzwerkkabel, Repeater, Hub

Abbildung 6 - OSI-Schichtenmodell (Quelle: https://de.wikipedia.org/wiki/OSI-Modell Stand: 15.06.2016)

A3. Beispielskript

```
 1  #!/bin/bash
 2  DeviceName="$1"
 3  TftpServerIP="1.1.1.1"
 4
 5  if [ -z "$DeviceName" ]; then    # -z tests to see if the argument is empty
 6       echo "FEHLER beim Aufruf: CopyRun2TftpViaSnmp.sh <DNS-Name>"
 7  fi
 8
 9  if [ -n "$DeviceName" ]; then    # -n tests to see if the argument is not empty
10
11       TimeStamp=`date "+%Y%m%d_%H%M"`
12       FileName=$DeviceName.$TimeStamp
13       touch /tftpboot/$FileName
14       chmod 777 /tftpboot/$FileName
15       echo "!"
16       echo "! Es wurde folgende Datei angelegt:/tftpboot/$FileName"
17       echo "!"
18
19       snmpset -v 1 -c "private" "$DeviceName"
20       .1.3.6.1.4.1.9.9.96.1.1.1.1.2.100 i 1
21       .1.3.6.1.4.1.9.9.96.1.1.1.1.3.100 i 4
22       .1.3.6.1.4.1.9.9.96.1.1.1.1.4.100 i 1
23       .1.3.6.1.4.1.9.9.96.1.1.1.1.5.100 a
24       "$TftpServerIP" .1.3.6.1.4.1.9.9.96.1.1.1.1.6.100 s
25       "$FileName" .1.3.6.1.4.1.9.9.96.1.1.1.1.14.100 i 4
26
27       echo "! Die RunningConfig von $DeviceName wurde in /tftpboot/$FileName gesichert"
28       echo "waiting for 10 sec...."
29       sleep 10
30       snmpset -v 1 -c "private" "$DeviceName" .1.3.6.1.4.1.9.9.96.1.1.1.1.14.100 i 6
31       echo "!"
32  fi
33
34  echo "! end"
```

Abbildung 7 – Beispielskript (interne Quelle)

BEI GRIN MACHT SICH IHR WISSEN BEZAHLT

- Wir veröffentlichen Ihre Hausarbeit,
  Bachelor- und Masterarbeit

- Ihr eigenes eBook und Buch -
  weltweit in allen wichtigen Shops

- Verdienen Sie an jedem Verkauf

Jetzt bei www.GRIN.com hochladen und kostenlos publizieren